Karl Rahner

*Im Alltag
nicht alltäglich werden*

Karl Rahner

Im Alltag
nicht alltäglich werden

Oder: Wie der Alltag
zum Gebet wird

Herausgegeben
von Andreas R. Batlogg
und Peter Suchla

Matthias Grünewald Verlag

VERLAGSGRUPPE PATMOS

PATMOS
ESCHBACH
GRUNEWALD
THORBECKE
SCHWABEN
VER SACRUM

Die Verlagsgruppe
mit Sinn für das Leben

Alle Rechte vorbehalten
Für die Texte von Karl Rahner:
© Deutsche Provinz der Jesuiten
Für diese Ausgabe:
© 2019 Matthias Grünewald Verlag
Ein Unternehmen der Verlagsgruppe Patmos
in der Schwabenverlag AG, Ostfildern
www.gruenewaldverlag.de

Umschlaggestaltung: Finken & Bumiller
Umschlagmotiv: © Deutsche Provinz der Jesuiten
Satz: Schwabenverlag AG, Ostfildern
Druck: Finidr s. r. o., Český Těšín
Hergestellt in Tschechien
ISBN 978-3-7867-3181-8

Inhalt

»Einen kleinen Schacht graben«

Einführung der Herausgeber

Wie können wir es vermeiden, im Alltag alltäglich zu werden? Durch das Gebet, sagt Rahner, und man fragt sich, ob das nicht einfach nur fromm dahergesagt ist. Bei so manchem regt sich vielleicht sogar ein schlechtes Gewissen, weil er oder sie sich mit dem Beten schwertut. Sollen wir beten wie die Kinder, die wir einmal waren? Die Kinderzeit ist vorbei, wir sind längst erwachsen – und werden im Erwachsenen-Alltag grau, alltäglich, müde, verdrossen. Rahner hat Zeit seines Lebens darauf verzichtet, den Moralapostel zu spielen. Er wäre nicht Rahner, würde er nicht über das Gebet als Hilfe, im Alltag nicht alltäglich zu werden, in einer Weise sprechen, die inspiriert, statt ein schlechtes Gewissen zu machen, die dazu beiträgt, »dass dieser graue Arbeitsmorgen und jene verdrossene Abendmüdigkeit doch wenigstens noch von einem schwachen Schimmer des Lichtes der Ewigkeit überglänzt werden«, wie er es formuliert.

I. Zur Person Rahners und
zur Textgeschichte

In früheren Zeiten war das Leben vieler Menschen – auch im Alltag – noch vom Gebet geprägt. Das bürgerliche Jahr richtete sich weitgehend nach dem Kirchenjahr. Mit ihm ist auch der Theologe Karl Rahner SJ (1904–1984) groß geworden. Das Beten in der Familie war für ihn eine Selbstverständlichkeit, und er trat mit vielen vertrauten »frommen Gewohnheiten«, wie er es nennt, im April 1922 in den Jesuitenorden ein. Im Oktober 1939 dann wurde er, inzwischen Dozent für Dogmatik, aus Innsbruck vertrieben: Die Jesuiten an der Innsbrucker Theologischen

Fakultät erhielten »Gauverbot«. Einige waren bereits im November 1938 nach Sitten (Sion) im schweizerischen Wallis ausgewichen. Der andere Teil der Fakultät hatte in Wien und andernorts Zuflucht gefunden. Das letzte Kriegsjahr des Zweiten Weltkrieges verbrachte Rahner nicht mehr in Wien, sondern in der einfachen Pfarrseelsorge in Mariakirchen und Arnstorf am Inn (Niederbayern). Seit Herbst 1945 dozierte Rahner dann, zusammen mit Alois Grillmeier SJ (dem späteren Kardinal), Theologie an der ordenseigenen Hochschule für Philosophie in Pullach für junge Jesuiten, die aus dem Krieg zurückgekommen waren. Hier wurde er im Frühjahr 1946 eingeladen, in der Münchner Jesuitenkirche Sankt Michael die

Fastenpredigten zu halten. Fastenpredigten in Sankt Michael hatten eine lange Tradition und gehörten neben der Kirchenmusik zum »Markenkern« von St. Michael.

1946 jedoch lag die bayerische Landeshauptstadt noch weitgehend in Schutt und Asche. St. Michael war durch Brand- und Sprengbomben schwer beschädigt, teilweise zerstört. Nur die Hülle, die Außenmauern und die Hauptfassade, blieb intakt. Das Tonnengewölbe, das zweitgrößte freitragende der Welt, war vollkommen eingestürzt. Erst an Pfingsten 1953 konnten hier wieder Gottesdienste abgehalten werden. »St. Michael« – das hieß von 1945 bis 1953 »Bürgersaal«: Einen Steinwurf vom Karlstor zwischen Karlsplatz (Stachus) und St. Michael entfernt, wurde die Kirche der Marianischen Männerkongregation an der Kaufingerstraße, die Bürgersaalkirche, jahrelang zum Ausweichquartier. Am Eingang gab es ein Schild mit der Aufschrift »St. Michaels-Notkirche«. Hier also hat Pater Rahner gepredigt, wie sein erhalten gebliebenes Notizbüchlein mit Terminen seit seiner Priesterweihe festhält: »März/April 5 Fastenpredigten im Bürgersaal München«.

Im Jahr 1947 erschienen dann in der Predigtzeitschrift »Chrysologus« unter dem Titel »Herr, lehre uns beten« erstmals fünf »Fastenpredigten« (so der Untertitel) Rahners. Sie bilden die Grundlage für die spätere Buchveröffentlichung, wo sie wörtlich übernommen, redaktionell bearbeitet oder um

größere oder kleinere Passagen erweitert erschienen. 1949 kam dann im Innsbrucker
Verlag Felizian Rauch das Bändchen »Von der
Not und dem Segen des Gebetes« heraus, das
auch diese Fastenpredigten enthielt – darun-
ter jene, aus der hier ein Auszug unter dem
von den beiden Herausgebern formulierten
Buchtitel »Im Alltag nicht alltäglich werden«
abgedruckt wird.

Das Bändchen »Von der Not und dem Segen des Gebetes« wurde – ähnlich wie Rahners erstes Buch »Worte ins Schweigen« von
1938 – ein Long- und Bestseller und erlebte
bis 1985 insgesamt 16 Auflagen. Ab 1958 kam
es als Taschenbuch heraus. Es gibt zahlreiche
Übersetzungen. 1966 wurde es sogar in Blin-
denschrift (in zwei Bänden) publiziert. Später

in die Reihe »Herder-Bücherei« übernommen, wurde es mit über 100 000 Exemplaren
eines der erfolgreichsten Bücher des renom-
mierten Verlags überhaupt.

Bei aller Patina, die religiöse Texte so
schnell ansetzen und von der auch Veröffent-
lichungen Karl Rahners nicht frei sind: Man
begegnet in »Von der Not und dem Segen
des Gebetes« einer merkwürdig zeitlosen, ja
unverbrauchten Sprache, die Jahrzehnte
überdauern konnte und trotzdem noch frisch
wirkt – und vor allem echt. Es zeigt sich darin
auch eine erstaunliche poetische Kraft, die
manche dem als »schwer verständlich« gel-
tenden Theologen nicht zutrauen würden.
Natürlich finden sich auch umständliche
Schachtelsätze und »schwere Kost« in hoch-

wissenschaftlichen Rahner-Werken. Aber eben auch wunderbar zugängliche spirituelle Texte wie der hier abgedruckte, die heute noch, über siebzig Jahre später (!), unglaublich modern wirken und wie fürs Heute geschrieben scheinen. Rahner selbst sagte über diese Texte einmal: »Ich glaube, dass in manchen Kapiteln ›Von der Not und dem Segen des Gebetes‹ wenigstens ebensoviel Theologie, denkerisch mühsam bewältigte Theologie, drinsteckt wie in den sogenannten wissenschaftlichen Werken« (Karl Rahner, Sämtliche Werke, Band 25, S. 10).

1946 gab es im zerbombten München keine einzige unbeschädigte Innenstadtkirche. Aber es gab eben nicht nur Trümmerhaufen aus Steinen und Ziegeln. Verschüttet und verstört waren auch die Herzen derer, die überlebt hatten. Auch damals gab es Menschen, die ihre Not hatten mit dem Beten. Und auch heute haben viele von uns ihre Not mit dem Beten. Die Art und Weise, wie Karl Rahner dies thematisieren konnte, überzeugte damals – und fasziniert noch heute. In Abwandlung einer Beobachtung von Hans Urs von Balthasar (1905–1988) könnte man sagen, die sitzend geschriebene Theologie Karl Rahners wurde zuvor kniend durchbetet, wohl auch durchlitten und ins Schweigen Gottes hineingehalten.

II. Zum Textverständnis

Den hier vorgelegten Text teilt Rahner in zwei Abschnitte. Im ersten Teil, »Bete im Alltag«, spricht er über das Gebet, wie wir es alle kennen. Er nennt es fast zärtlich »das Gebet eines armen, aber treuen Herzens, das sich mühsam und ehrlich durch alle Schwäche, Müdigkeit und innere Verdrossenheit immer wieder wenigstens einen kleinen Schacht gräbt, durch den dann ein kleiner Strahl des ewigen Lichtes in unser vom Alltag zugeschüttetes Herz fällt«.

Im zweiten Teil, »Bete den Alltag«, spricht er in einer überraschend neuen, gänzlich ungewohnten Weise über das Gebet. Denn

Rahner weiß, »auch wenn wir öfters beten *im* Alltag, scheint der Alltag selbst doch immer noch zu bleiben, was er war: alltäglich. Dann wird er [durch das Gebet] zwar zu unserem Heil öfters unterbrochen, aber noch nicht selbst verwandelt. Unsere Seele selbst scheint dann immer noch eine Straße zu bleiben, auf der der Tross dieser Welt sich endlos weiterwälzt mit seinen unzähligen Kleinigkeiten, mit seinem Gerede und Getue, seiner Neugier und seinen leeren Unwichtigkeiten«. Daran ändern auch die kleinen Gebetsunterbrechungen im Alltag nichts, so unverzichtbar sie auch sind dafür, dass, wie oben schon gesagt, dieser »kleine Strahl des ewigen Lichts in unser vom Alltag zugeschüttetes Herz fällt«. Doch selbst wenn wir ununterbrochen beten könnten, so können wir, wie Rahner feststellt, »den Alltag nicht fliehen, wir würden ihn doch mitnehmen, wohin wir auch gingen, denn unser Alltag sind wir selber: unser tägliches Herz, unser matter Geist und die kleine Liebe, die auch das Große klein und gewöhnlich macht«. Was also tun?

Rahners Vorschlag, *den* Alltag zu beten, will genau darauf eine Antwort geben. Aber was meint Rahner mit »den Alltag beten«? Beten *im* Alltag ist nachvollziehbar, aber *den* Alltag beten? Rahner erklärt es so: Es heißt, den Alltag zum spirituellen Lehrmeister zu machen. Und für Rahner gibt es keinen besseren Lehrmeister als den Alltag. In seiner unnachahmlichen Art formuliert er: »Die langen, gleichen Stunden, die Monotonie der

Pflicht, die Arbeit, die jedermann selbstverständlich findet, das lange und bittere Mühen,
für das niemand dankt, das Verbraucht- und
Geopfertwerden des Alters, die Enttäuschungen und Misserfolge, die Missverständnisse
und die Verständnislosigkeiten, die unerfüllten Wünsche, die kleinen Verdemütigungen,
die unvermeidliche Rechthaberei des Alters
gegen die Jugend, die ebenso unvermeidliche
Herzlosigkeit der Jugend gegen das Alter, die
kleinen Beschwerden des Leibes, die Unfreundlichkeit des Wetters, die Reibungen
eines engen Zusammenlebens, solche und
tausend andere Dinge, die den Alltag füllen,
wie können sie, wie könnten sie den Menschen still und selbstlos machen, wenn er auf
diese so menschliche und doch so göttliche

Pädagogik eininge, wenn er Ja sagte, wenn er sich nicht wehrte, wenn er solchen Alltag klaglos und selbstverständlich, und ohne Aufhebens daraus zu machen, auf sich nähme«.

»Den Alltag beten« heißt also nicht, dem Alltag zu entfliehen, denn das wäre vergeblich, wir werden den Alltag nicht los. Es heißt vielmehr, den Alltag auf eine bestimmte Art und Weise zu sehen und zu bestehen. Denn fraglos kann der Alltag alltäglich machen. Er kann uns aber auch, sagt Rahner, »frei von uns selbst machen wie sonst nichts«. Der Alltag bleibt immer schwer, alltäglich, grau. Aber nur so, fährt Rahner fort, »dient er der Liebe Gottes, denn nur so nimmt er uns – uns selbst.« Und genau darin liegt das Geheimnis von »den Alltag beten«: Wenn wir uns durch den Alltag uns selbst nehmen lassen, »unsern Eigensinn, unser Vermauertsein in uns«, wenn wir uns statt dessen »durch den Alltag zur Güte, zur Geduld, zu Frieden und Verstehen, zu Langmut und Sanftmut, zu Verzeihen und Ertragen, zu selbstloser Treue erziehen lassen, dann ist der Alltag nicht mehr Alltag, dann ist er selbst Gebet. Dann wird alle Vielheit in der Liebe Gottes eins, alle Ausgegossenheit bleibt in Gott gesammelt, alle Äußerlichkeit bleibt in Gott innig. Dann wird alle Auskehr in die Welt, in den Alltag Einkehr in Gottes Einheit, die das ewige Leben ist.«

Was Rahner hier vor Augen schwebt, ist eine Art christlicher »Zen« im positiven

Sinn – eine Umsetzung der Glaubenslehre in eine Lebensübung, die das Tun des Täglichen als Übungsweg begreift. Das ist selten und kostbar und so erfrischend gegen den Mainstream: statt Religion als Erlebnisanreicherung das nüchterne Sich-von-sich-selbst-Befreien im Alltag. Dass Rahners Text uns dazu behilflich sein möge, das wünschen die Herausgeber dieses Bändchens allen Leserinnen und Lesern von Herzen.

Andreas R. Batlogg SJ

Peter Suchla

[In eckigen Klammern stehende Wörter sind Einfügungen der Herausgeber zum besseren Verständnis, die sich im Originaltext nicht finden.]

Wie der Alltag zum Gebet wird

Zwei Dinge wollen wir vom Gebet des Alltags sagen: Sie lassen sich zusammenfassen in zwei Aufforderungen: Bete im Alltag; bete den Alltag.

1. Bete im Alltag

Mit Gebet im Alltag meinen wir jenes regelmäßige Beten, das ohne Rücksicht auf augenblickliche Lust und Laune geübt wird, das der Mensch, ohne im einzelnen eigentlich dazu verpflichtet zu sein, als eigene Pflicht und liebe Gewohnheit sich selbst abverlangt, das Beten, das Gebetszeiten kennt, das mit bestimmten Zeiten und Gelegenheiten selbstverständlich verknüpft ist, mit dem

Morgen und dem Abend, dem Essen; Gebet des Alltags ist das Gebet beim Angelusläuten, der Rosenkranz für sich allein oder in der Familie, der stille Privatbesuch einer Kirche und des Tabernakels außerhalb der Zeiten eines gemeinsamen Gottesdienstes und andere fromme Bräuche alter Vätersitten, wie z. B. ein Gruß beim Vorübergehen an einer Kirche oder an einem Kreuzbild, das Kreuzzeichen beim Brotanschneiden, das Kreuzzeichen, das das Kind am Abend von den Eltern erbittet und erhält – auch solche und viele ähnliche Dinge sind ja kurze Segenswünsche und so Gebet des Alltags.

Solches Beten ist im Alltag schwer. Vielen wird es schon schwer, dieses Gebet im Alltag nicht einfach zu vergessen. Wie viel von solchem Gebetsbrauch ist in der Großstadt schon gänzlich aus der Übung gekommen und vergessen! Und wie vieles auch von dem, was der Großstädter, wenn er noch christlich ist, theoretisch noch als Pflicht oder als christlichen Brauch anerkennt, führt in der Praxis nur ein sehr ärmliches, immer vom gänzlichen Vergessen bedrohtes Dasein! Geist und Herz sind von anderen Dingen erfüllt. Zeit hat man angeblich auch keine. Wenigstens nicht für solche – wie einem scheint – doch eher mühsame und etwas altmodische Dinge, die einem wie andere versunkene Dinge aus der Kinderzeit vorkommen: Sie sind nie offiziell abgeschafft worden, sie fristen ihr Leben kümmerlich weiter, aber eine gestaltende Macht des wirklichen Lebens sind sie so sehr nicht, dass man eigentlich ruhig zugeben könnte, es würde am wirklichen Leben sich auch nichts ändern, wenn diese Überbleibsel aus der alten Zeit der Eltern und aus der eigenen Zeit der Kindheit noch ganz verschwänden. Solches Beten im Alltag ist schwer. Schwer schon, es im Alltag nicht ganz zu vergessen, weil es in der Zeit und in der Umgebung keinen Halt und Boden für sein Gedeihen hat und selten nur für sein frisches Blühen ein Herz findet, das unbekümmert um die ungläubige Umgebung aus der eigenen innersten Gottverbundenheit dem Gebet im Alltag Kraft zu starkem Wachstum schenken kann.

Ist es schon schwer, das Gebet im Alltag nicht einfach langsam und unmerklich verschwinden zu lassen, so ist es eigentlich noch schwerer, das Gebet im Alltag wirklich zu »beten« und nicht nur zu persolvieren [herzusagen bzw. abzuleisten]. Ach, was ist oft an unserem Alltagsbeten wirklich »gebetet« und was nur gesagt? Wie oft ist Herz und Gemüt fern von dem allem, was wir beten, wie oft wird aus dem Wort an Gott von Herz zu Herz das Aufsagen einer Formel, bei der man eigentlich nur noch besorgt ist, dass sie abgebetet wird, durch die hindurch man aber nicht mehr bei Dem ist, dem man sie sagt! Der Alltag veralltäglicht das Gebet im Alltag: Es wird äußerlich, mechanisch, herzlos, Lippengebet und Erfüllung einer äußeren Leistung, die man möglichst rasch abdient, um sich wieder erfreulicheren Dingen zuzuwenden. Dieses Gebet wird so gleichsam eine Gott widerwillig zugestandene Zeit, weil man nicht gut anders kann und es jedenfalls auch mit Ihm nicht verderben will. Und so kann dann nur zu leicht das so Alltägliche und doch Erschütternde sich begeben, dass man betet und mit dem Herzen doch fern von Gott ist, dass man Gott mit den Lippen ehrt, das Herz aber nicht mitmacht und man dennoch sich einbildet, seine Pflicht Gott gegenüber getan zu haben. Als ob es vor dem Erforscher des Herzens eine andere Erfüllung der Pflicht geben könnte als eben die, dass dieses äußere Tun mit der reinen Gesinnung des Herzens gefüllt und erfüllt wird.

Es kann auch sein, dass der innere Mensch leidet an der Spannung zwischen dem, was sein Gebet ist, und dem, was es sein sollte, daran leidet, dass sein Herz gewissermaßen nicht mitgeht mit den hohen Worten von Anbetung, Lob, Dank, Bitte, Ehrfurcht und Reue und ähnlichen Gesinnungen, von denen wir im Gebet sprechen, daran leidet, dass er beten will – oft und täglich –, aber scheinbar nicht beten kann, dass eine innere Lähmung sein Herz überfallen hat und er den Eindruck hat, seine Ehrlichkeit verbiete ihm, das nur zu heucheln, was er in Wahrheit nicht leisten kann, und seine Treue zu sich und zu Gott gebiete ihm darum, eben zu warten, bis die Brunnen der Tiefe seines Herzens mit ihren Wassern der Gnade, des spontanen Erlebens und Ergriffenseins wieder einmal von selbst aufbrechen und so ein Gebet ermöglichen, das wirklich – wie man sagt – echter Herzenserguss ist. Diese Schwierigkeit mag auch ernste und besinnliche Menschen dazu verleiten, selten zu beten, Menschen, die selten beten, deren Alltag gebetslos ist, nicht weil sie dem oberflächlichen Betrieb des Alltags verfallen sind, sondern weil sie innerlich und redlich sind, im Gebet nur tun wollen, was wirklich von innen kommt, und nicht der Meinung sind, man brauche nur zu wollen und schon sei das Gebet ein echtes Wort des inneren Menschen aus den Tiefen des Herzens.

Und dennoch: Trotz all dieser Schwierigkeiten bleibt die alte christliche Lebensweisheit und Lebensgewohnheit richtig und wahr auch für uns: täglich zu beten, im Alltag zu beten, das Gebet nicht zu beschränken auf die seltenen hohen Stunden innerer Ergriffenheit und Erschütterung, in denen der Mensch, so er gläubig ist und Gott nicht ganz aus den Augen verloren hat, gleichsam von selbst zu beten anfängt. Wir müssen die Notwendigkeit des Alltagsgebetes begreifen. Dieses Alltagsgebet ist nämlich Voraussetzung und Auswirkung der großen und hohen Gebetsstunden.

Gewiss ist Gebet und Gebet nicht gleich. Gewiss gibt es Gebete in vielleicht kurzen und seltenen Augenblicken, in denen der Engel Gottes das Herz berührt, dass es brennt in der Ehrfurcht vor der Majestät des gegenwärtigen Gottes, in Heimweh und Hoffnung nach dem Frieden des Herrn, in Reue, die ein ganzes Leben umwandelt, in Liebe zur ewigen Liebe. Gewiss mögen wir *diese* Augenblicke höher schätzen als das Gebet des Alltags und geneigt sein, sie allein Gebet zu nennen. Aber solche Augenblicke der Begnadigung sind selten. Und was würden sie uns nützen, wenn sie nicht wirklich das ganze Leben ergriffen und ihm ihren Geist einhauchten? Was würden sie uns nützen, wenn sie langsam im Lauf des Lebens immer seltener, immer schwächer würden wie die immer seltener werdenden Einfälle eines verbummelten Genies? Wie aber soll diesen beiden Gefahren des Wirkungslosbleibens und des Versiegens anders abgeholfen werden als durch das *tägliche* Gebet? Nur wenn wir täglich beten, schaffen wir die Voraussetzungen für die großen Stunden des Gebetes. Nur wenn wir uns mühen, auch wenn es mühsam ist, unser Herz offen, unsern Geist wach, unsere Aufmerksamkeit und Bereitschaft gespannt zu halten, nur dann werden die großen Gnadenstunden des Lebens nicht verpasst, die Stunden, in denen Gott uns plötzlich neu begegnet und uns unversehens das entscheidende Stichwort für ein ganzes Stück unseres Lebens zuruft (wie, wenn wir es überhörten und nicht darauf »gefasst« wären?) oder uns – in einer Stunde großer Prüfung, radikaler Anfechtung, erschütternden Glückes oder vernichtender Not, in einer Stunde letzter Einsamkeit und durchdringenden Schmerzes und in anderen großen Tagen und Nächten des Lebens – eine Antwort abverlangt (die

Gebet ist), die entscheidend ist für Zeit und Ewigkeit. Wie sollten wir diese Offenheit des Herzens, diese Wachheit des Geistes und diese Bereitschaft haben in diesen Sternenstunden des Lebens, wenn wir nicht vorher das Wort befolgt hätten: Wacht und betet, wenn wir nicht im Alltag gebetet hätten? Wenn wir nicht täglich beten, das heißt: nicht täglich nach Gott ausschauen, täglich auf Gottes Wort lauschen (auch wenn nicht gleich ein Anruf von drüben kommt), täglich uns bereitmachen für die entscheidenden Proben unseres Lebens, dann wäre die Gefahr, dass wir langsam blind und taub, gleichgültig und träge würden. Und dann: Werden wir die entscheidenden Kreuzungen auf unserem Lebensweg überhaupt bemerken, wird uns ein plötzlicher Sturm standfest finden, werden wir die sittliche Unterscheidungsfähigkeit in neuen und ungewohnten Situationen besitzen, wenn wir nicht vorher in tagtäglichem Gebet gewacht haben? Und wenn wir dann diese Sternenstunden des Lebens (wo es um Tod und Leben geht), die Stunden, die leise und ohne Voranmeldung und ohne Aufsehen den Menschen überfallen, nicht bestehen, können wir dann sagen, wir seien unschuldig, wir hätten es nicht so gemeint, wir wären überrascht worden, wir hätten die Situation nicht überschaut und die Folgen nicht vorausgesehen, können wir das dann sagen, wenn wir vorher, träge und stumpf, nicht wach bleiben wollten durch tägliches Gebet? Auch im Geistigen und Geistlichen gibt es so etwas wie eine vorgängige Übung und Probe, die allein es ermöglichen, den Ernstfall zu bestehen.

Und wenn die Stunde Gottes und des glühenden großen Gebetes vorüber ist, wie wird sie mehr sein als eine unfruchtbare Festlichkeit in unserem Leben, wie wird sie umgesetzt in langsame, geduldige Arbeit am inneren Menschen, in eine Arbeit, die das nüchterne Leben, die Gewöhnlichkeit des Alltags in unverdrossenem Bemühen umwandelt und umformt nach jenem Bild, das uns einen Augenblick lang gezeigt wurde in den hohen Augenblicken des charismatischen Gebetes? Wie kann dieses Entscheidende anders geschehen als durch das Gebet im Alltag, das unter der Last und Mühe des Alltags mit

Gottes Gnadenengel darum ringt, dass dieser graue Arbeitsmorgen und jene verdrossene Abendmüdigkeit doch wenigstens noch von einem schwachen Schimmer des Lichtes der Ewigkeit überglänzt werden? Nur wenn dieses Feuer des Geistes, das in einer glücklichen Stunde auf uns niederfiel, sich teilt und wenigstens in kleinen Feuerflämmchen auch die Alltagsstunden erhellt, indem wir auch da beten, so gut es geht, nur dann fasst der Feuergeist wirklich unser Leben, das nun einmal zum größten Teil sich aufreiht aus kleinen, grauen Augenblicken. Das Alltagsgebet ist Voraussetzung und Auswirkung der großen Gnadenstunden des christlichen Lebens. Und darum schon ist es wichtig und unersetzlich.

Aber noch ein weiterer, ja gewichtigerer Grund sagt uns: Bete im Alltag! Die Ehre Gottes. Der Herr ist unser Gott nicht bloß an den Feiertagen des Lebens. Er hat nicht bloß das Erhabene geschaffen, dass Er nur es zu seiner Ehre wiederhaben wollte. Er wollte auch, dass das Kleine sei, das Unscheinbare und Immergleiche, das unser Leben füllt. Wir sind seine Knechte nicht bloß, wenn wir seine hohen Dome füllen oder wenn seine Mysterien in geheimnisvoller Pracht und Schönheit an uns vollzogen werden. Wir sind seine Knechte und Mägde auch auf dem Feld und in der Werkstatt, am Tisch und in den Schlafkammern, hinter dem Schreibtisch und vor dem Waschtrog. Auch dieses alles ist zur Ehre und zum Lob seines Namens. Muss es dann aber nicht so sein, dass wir uns in diesem Alltag daran erinnern, dass wir und unsere Alltäglichkeit Ihm gehören und zu seiner Ehre leben, dass also auch aus diesem Leben sein Lob emporsteigen muss, dass wir sagen müssen: In Gottes Namen, dass wir immer wieder ein gutes Segenswort sprechen müssen über diesen Alltag, dass wir also immer beten müssen im Alltag?

O Gebet im Alltag! Du bist arm und ein wenig zerschlissen und mitgenommen wie der Alltag selbst. Hohe Gedanken und erhabene Gefühle fallen dir schwer. Du bist keine erhabene Symphonie in einem hohen Dom, sondern wie ein frommes Lied, gut gemeint und von Herzen kommend, ein wenig eintönig und simpel. Aber, Gebet des Alltags, du bist das Gebet der Treue und Verlässlichkeit, das Gebet des selbstlosen, unbelohnten Dienstes der göttlichen Majestät, du bist die Weihe, die die grauen Stunden hell und die kleinen Augenblicke groß macht. Du fragst nicht nach dem Erlebnis des Beters, sondern nach der Ehre Gottes. Du willst nicht erfahren, sondern glauben. Dein Gang mag manchmal müde sein, aber du gehst. Du magst manchmal bloß von den Lippen zu kommen scheinen und nicht aus dem Herzen. Aber ist es nicht besser, dass wenigstens noch die Lippen Gott benedeien, als dass der ganze Mensch stumm werde? Und ist so nicht mehr Hoffnung, dass auch im Herzen Widerhall finde, was auf den Lippen klingt, als wenn alles im Menschen stumm bleibt? Und in unsern gebetsarmen Zeiten ist, was man bei sich oder bei anderen als Lippengebet schilt, meist in Wirklichkeit das Gebet eines armen, aber treuen Herzens, das sich mühsam und ehrlich durch alle Schwäche, Müdigkeit und innere Verdrossenheit immer wieder wenigstens einen kleinen Schacht gräbt, durch den dann ein kleiner Strahl des ewigen Lichtes in unser vom Alltag zugeschüttetes Herz fällt.

Bete im Alltag! Raff dich immer wieder auf aus Müdigkeit und Gleichgültigkeit! Bete persönlich! Such auch aus dem Alltagsgebet ein persönliches Gebet zu machen, in dem du aus dem Betrieb um dich herum und in dir zu dir selbst, aus der aufgeregten Hast zur Ruhe, aus der Enge der Welt zur Weite des Glaubens und von dir weg zu Gott kommst und nicht bloß zur Gebetsformel, die du als Kind einst gelernt hast!

Bete regelmäßig! Fordere von dir, was du dir selbst als Pflicht gesetzt hast im Gebet! Sei da Herr über Stimmung und Laune! Bete regelmäßig!

Lerne das Beten! Es ist eine Gnade. Aber es ist auch eine Sache des guten Willens, eine Kunst, die geübt und erprobt sein will. Man kann lernen, sich vor dem Gebet zu sammeln, innerlich ruhig zu werden und zu bedenken, was man tun will: seine Seele emporheben zu Gott. Man kann lernen, ohne Gebetsformel mit Gott zu sprechen von seiner Not, von seinem Leben, selbst und gerade von seinem geheimen Widerwillen, mit ihm zu tun zu haben, zu sprechen mit Ihm von seinen Pflichten, zu sprechen über geliebte Menschen, über die eigene Stimmung, über die Welt und ihre Not, über die Heimgegangenen, zu sprechen mit Ihm über Ihn selbst: dass Er so groß und so ferne, so unbegreiflich und doch so herrlich ist, dass Er die Wahrheit und wir die Lüge, Er die Liebe und wir die Selbstsucht, Er das Leben und wir der Tod, Er die Erfüllung und wir die Sehnsucht sind. Man kann lernen, auch seinem Leib eine entspannte Haltung zu geben, auch innerlich ruhig zu werden, die vorlauten Alltagsgedanken und Alltagsstimmungen zur Ruhe zu bringen, so dass man selbst auch einmal seine eigene Seele vernimmt, die eigentliche Seele, die schüchtern ist, wenige, aber wesentliche Worte hat und ein Lied, das man nur Gott singen kann. Man kann lernen, die Lesung der Heiligen Schrift zum Gebet zu machen. Man kann lernen, im Abendgebet den Erfahrungen des Tages zum Beschluss noch den rechten Sinn und die wahre Richtung gottwärts zu geben, den Tag in der rechten Form in jene tieferen Räume der Seele eingehen zu lassen, in denen uns das Vergängliche aufbewahrt bleibt, in der rechten Form, d.h. ohne Bitterkeit und Hass, in Güte und Ruhe, in angstloser Reue, in Ernst und Weihe an Gott. Man kann lernen, im Alltag tote Augenblicke, in denen man nichts tun kann, in denen man warten und anstehen muss, durch Gebet zu heiligen. Man kann lernen, sich durch die Ärgerlichkeiten und durch die kleinen Freuden des Tages an Gott erinnern zu lassen.

Solche und ähnliche Kunstgriffe eines Menschen, der im Alltag beten will, lassen sich lernen und üben. Lerne sie auch du! Bete im Alltag!

2. Bete den Alltag

Es gibt noch ein höheres Ideal der Gebetsweihe des Alltags. Glücklich schon der, der im Alltag von Zeit zu Zeit immer wieder betet! Er wird gewiss wenigstens selbst nicht ganz alltäglich. Und gewiss werden wir im Alltag immer wieder ausdrücklich beten müssen. Aber das Leid des geistlichen Menschen um den Alltag ist damit eigentlich noch nicht ganz besiegt. Denn auch wenn wir öfters beten *im* Alltag, scheint der Alltag selbst doch immer noch zu bleiben, was er war: alltäglich. Dann wird er zwar zu unserem Heil öfters unterbrochen, aber noch nicht selbst verwandelt. Unsere Seele selbst scheint dann immer noch eine Straße zu bleiben, auf der der Tross dieser Welt sich endlos weiterwälzt mit seinen unzähligen Kleinigkeiten, mit seinem Gerede und Getue, seiner Neugier und seinen leeren Unwichtigkeiten. Unsere Seele scheint noch immer der Markt zu bleiben, auf dem von allen Winden die Trödler sich ein Stelldichein geben und den ärmlichen Reichtum dieser Welt verkaufen, wo in ewiger, abstumpfender Unruhe wir selbst, die Menschen und die Welt ihre Nichtigkeiten ausbreiten; unsere Seele im Alltag scheint doch nur eine riesige Scheuer zu sein, in die alles von allen Seiten wahllos eingefahren wird, Tag für Tag, bis sie bis zum Dach mit Alltag gefüllt ist. Und so scheint es weiterzugehen, ein ganzes Leben lang alltäglich weiterzugehen, bis – ja, bis in jener Stunde, die wir unsern Tod nennen, aller Kram, der unser Leben war, auf einmal aus dieser Scheuer hinausgefegt wird. Aber was werden wir dann selber sein und bleiben, wir, die wir ein Leben lang nur Alltag waren, Betrieb also und mit Geschwätz und Getue gefüllte Öde? Was wird aus unserem Leben »herauskommen«, wenn die wuchtende Last des Todes den wahren Gehalt aus unserem hohlen Leben, aus all den vielen Tagen und langen Jahren, die leer geblieben sind, unerbittlich auspressen wird? Wird dann mehr bleiben als jene paar Augenblicke, in die sich die Gnade der Liebe oder des ehrlichen Gebetes zu Gott wie in einen Winkel unseres mit Alltagströdel erfüllten Lebens scheu und verschüchtert eingeschlichen hatte?

Aber wie sollen wir diese Not des Alltags wenden? Wie inmitten dieser Alltäglichkeit uns hinfinden zu dem einen Notwendigen, das Gott allein ist? Wie kann der Alltag selbst ein Lobgesang Gottes – eben selbst Gebet werden? Eines ist ja von vornherein klar. Wir können nicht allzeit ausdrücklich beten, wir können den Alltag nicht fliehen, wir würden ihn doch mitnehmen, wohin wir auch gingen, denn unser Alltag sind wir selber: unser tägliches Herz, unser matter Geist und die kleine Liebe, die auch das Große klein und gewöhnlich macht. Und darum kann der Weg nur mitten durch den Alltag, seine Not und seine Pflicht hindurchgehen, darum kann der Alltag nicht durch Flucht, sondern nur durch Standhalten und durch eine Verwandlung überwunden werden. Also muss *in* der Welt Gott gesucht und gefunden werden, also muss der Alltag selbst Gottes Tag, die Auskehr in die Welt Einkehr in Gott, muss der Alltag »Einkehrtag« werden. Es muss der Alltag selbst gebetet werden.

Aber wie mag das geschehen? Wie wird der Alltag selbst zum Gebet? Durch Selbstlosigkeit und Liebe. Ach, wenn wir willige und verständige Schüler wären, wir könnten für den inneren und geistlichen Menschen keinen besseren Lehrmeister haben als den Alltag! Die langen, gleichen Stunden, die Monotonie der Pflicht, die Arbeit, die jedermann selbstverständlich findet, das lange und bittere Mühen, für das niemand dankt, das Verbraucht- und Geopfertwerden des Alters, die Enttäuschungen und Misserfolge, die Missverständnisse und die Verständnislosigkeiten, die unerfüllten Wünsche, die kleinen Verdemütigungen, die unvermeidliche Rechthaberei des Alters gegen die Jugend, die ebenso unvermeidliche Herzlosigkeit der Jugend gegen das Alter, die kleinen Beschwerden des Leibes, die Unfreundlichkeit des Wetters, die Reibungen eines engen Zusammenlebens, solche und tausend andere Dinge, die den Alltag füllen, wie können sie, wie könnten sie den Menschen still und selbstlos machen, wenn er auf diese so menschliche und doch so göttliche Pädagogik einginge, wenn er Ja sagte, wenn er sich nicht wehrte, wenn er solchen Alltag klaglos und selbstverständlich, und ohne Aufhebens daraus zu machen, auf sich nähme als das, was einem selbstverständlich gebührt! Und wenn der Mensch so seine Ichhaftigkeit durch den Alltag zerstören ließe, langsam, aber sicher – oh, die Führung Gottes im Alltag ist an sich von einer unheimlichen Treffsicherheit –, dann würde im Herzen von selbst die Liebe zu Gott erwachen, eine stille und keusche Liebe. Denn was hindert den Menschen an der Liebe Gottes? Nur er selbst steht sich im Wege und im Licht. Im Alltag aber kann man langsam täglich sich selber sterben, ohne Aufsehen und ohne Phrase. Niemand merkt es. Man selbst eigentlich auch nicht. Aber immer wieder wird durch die Schicksale des Alltags ein Wall mehr niedergelegt, den das ängstliche Ich zu seiner Verteidigung gebaut hatte. Und wenn dieses Ich keine neuen Wälle baut, sondern Ja sagt zur Ungeborgenheit, plötzlich – fast heiter verwundert – merkt, dass man diese Schutzmauern gar nicht nötig hat, dass man gar nicht (wie man bisher meinte) unglücklich sein muss, wenn das Leben einem diese oder jene Freude nimmt, die man bisher für indispensabel [unerlässlich bzw. unverzichtbar] hielt, dass man gar nicht verzweifeln muss, wenn dieser oder jener Erfolg ausbleibt oder dieser oder jener Lebensplan scheitert, wenn man durch diese Erziehung des Alltags merkt, dass man reich wird durch Schenken, erfüllt durch Verzicht, froh durch Opfer, geliebt durch Liebe des andern, dann wird der Mensch selbstlos und damit frei. Wenn frei, dann fähig zur großen, weiten Liebe des freien grenzenlosen Gottes.

Es kommt alles darauf an, *wie* wir den Alltag bestehen. Er kann alltäglich machen. Er kann aber auch uns frei von uns selbst machen wie sonst nichts. Brächten wir aber dieses Frei- und Selbstloswerden fertig, dann würde diese Liebe, die dann von selbst entsteht, durch alle Dinge hindurch, mitten durch das Herz der Dinge hindurch sich hinausschwingen in die unendlichen Weiten Gottes in Sehnsucht und heiligem Verlangen und auch noch all die verlorenen Dinge des Alltags mitnehmen als Lobgesang der göttlichen Herrlichkeit. Das Kreuz des Alltags, an dem allein eigentlich unsere Selbstsucht ganz sterben kann, weil sie unauffällig gekreuzigt werden muss, wenn sie sterben soll, würde der Aufgang unserer Liebe werden, weil sie von selbst ersteht aus dem Grabe unseres eigenen Ichs. Und wenn alles im Alltag solches Sterben wird, wird alles im Alltag Aufgang der Liebe. Dann wird der ganze Alltag Atmen der Liebe, Atmen der Sehnsucht, der Treue, des Glaubens, der Bereitschaft, der Hingabe an Gott, wird der Alltag, wirklich er selbst, wortloses Gebet! Er bleibt, was er war: schwer, phrasenlos, alltäglich, unauffällig. Er muss so bleiben. Nur so dient er der Liebe

Gottes, denn nur so nimmt er uns – uns selbst. Aber wenn wir uns durch den Alltag uns selbst, unsere Sehnsucht, unsere Selbstbehauptung, unsern Eigensinn, unser Vermauertsein in uns nehmen lassen, d. h., wenn wir in der Bitterkeit nicht bitter, in der Gewöhnlichkeit nicht gewöhnlich, in der Alltäglichkeit nicht alltäglich, in der Enttäuschung nicht enttäuscht werden, wenn wir uns durch den Alltag zur Güte, zur Geduld, zu Frieden und Verstehen, zu Langmut und Sanftmut, zu Verzeihen und Ertragen, zu selbstloser Treue erziehen lassen, dann ist der Alltag nicht mehr Alltag, dann ist er selbst Gebet. Dann wird alle Vielheit in der Liebe Gottes eins, alle Ausgegossenheit bleibt in Gott gesammelt, alle Äußerlichkeit bleibt in

Gott innig. Dann wird alle Auskehr in die Welt, in den Alltag Einkehr in Gottes Einheit, die das ewige Leben ist.

Bete den Alltag! Bitte um diese hohe Kunst des christlichen Lebens, die deshalb so schwierig ist, weil sie so einfach ist!

Gebet im Alltag, Gebet des Alltags! Wenn unser Alltag ein vom Gebet begleiteter und selbst gebeteter Alltag ist, dann münden diese armen, vergänglichen Tage unseres Lebens, die Tage der Gewöhnlichkeit und banalen Bitterkeit, die Tage, die immer gleich gleichgültig und mühsam sind, in den einen Tag Gottes, in den großen Tag, der keinen Abend kennt. Diesem Tag lasst uns alle Tage unseres Lebens entgegenbeten, wie wir es als Kind gelernt und wie wir es geübt haben!

Dann kann auch uns gesagt werden: Ich habe Vertrauen, dass er, der das gute Werk – das gute Werk des täglichen Betens – in euch begonnen hat, es auch vollenden wird bis zum Tag Christi Jesu (Phil 1,6).

Zur Textquelle

Der vorliegend abgedruckte Text entstammt dem Buch »Von der Not und dem Segen des Gebetes« (1949), das auf die Fastenpredigten aus dem Jahr 1946 zurückgeht und inzwischen in der Edition »Karl Rahner Sämtliche Werke« wieder in Band 7 neu zugänglich gemacht, ausführlich erläutert und textkritisch erschlossen wurde, siehe: Karl Rahner, Von der Not und dem Segen des Gebetes, in: ders., Sämtliche Werke, Bd. 7: Der betende Christ. Geistliche Schriften und Studien zur Praxis des Glaubens. Bearbeitet von Andreas R. Batlogg. Freiburg i. Br. 2013, S. 39–116.

Entnommen wurde der Text aus dem vierten Abschnitt, der überschrieben ist mit »Gebet im Alltag« (platziert zwischen »Das Gebet der Liebe« und »Das Gebet der Not«). Die Herausgeber haben die ersten drei einleitenden Absätze des Textes ausgelassen und setzen direkt ein mit der Zeile: »Zwei Dinge wollen wir vom Gebet des Alltags sagen« (ebd. S. 68–75).

Karl Rahner im Matthias Grünewald Verlag
Herausgegeben von
Andreas R. Batlogg SJ und Peter Suchla

Karl Rahner SJ (1904–1984), Theologe von Welt-
rang, gilt vielen zugleich als der größte spirituelle
Schriftsteller des 20. Jahrhunderts. Die von Andreas R. Batlogg und Peter Suchla herausgege-
bene Reihe stellt Texte aus dem Werk Rahners
vor, die zeigen, wie christlicher Glaube das Leben
auch heute bereichern kann.

Karl Rahner
**Advent – von der tiefen Sehnsucht
unseres Lebens**
Gebunden mit Leseband | 80 Seiten
ISBN 978-3-7867-3147-4

Karl Rahner
**Der wahre Sinn der Fastenzeit
liegt nicht im Verzichten**
Gebunden mit Leseband | 112 Seiten
ISBN 978-3-7867-3127-6

Karl Rahner
Was Ostern bedeutet
Gebunden mit Leseband | 80 Seiten
ISBN 978-3-7867-4032-2